SEF Collana | ## NEO-FUNZIONALISMO E SISTEMI INTEGRATI

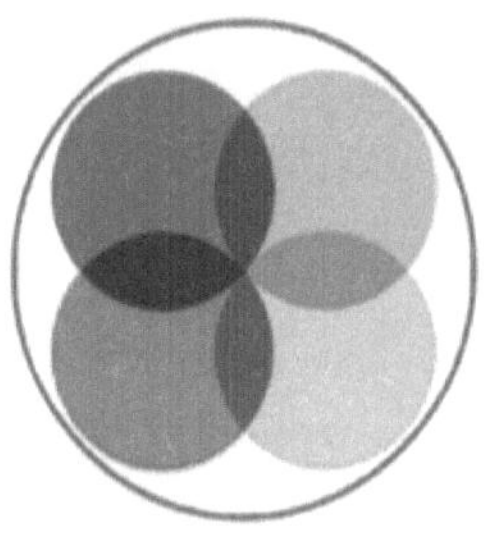

Scuola Europea di Formazione in Psicologia e Psicoterapia Funzionale

Collana Neo-Funzionalismo e Sistemi Integrati

Questa pubblicazione fa parte della collana dedicata al Neo-Funzionalismo, ovvero un'Area scientifica di pensiero, ideata e messa a punto dagli anni '80 in poi da Luciano Rispoli, di cui la Psicoterapia Funzionale è uno dei metodi operativi. Ogni libro tratta un tema specifico legato ad un determinato campo d'intervento della Psicologia Funzionale.

Marco Iacono

BURN OUT

Elementi di valutazione e intervento nell'ottica del Neo Funzionalismo

Redazione

Luciano Rispoli
Paola Bovo, Paola De Vita

Hanno curato questa pubblicazione

Paola De Vita, M. Nadia Lucci, Claudia Sciacchitano

Facebook:
https://www.facebook.com/scuola.di.psicoterapia.sef

Email:
formazione@psicologiafunzionale.it

I lettori che desiderano informarsi sulle pubblicazioni inerenti al Neo-Funzionalismo (libri, articoli, rivista on line, ebook) possono consultare il nostro sito Internet www.psicologiafunzionale.it e iscriversi nella home-page al servizio "Resta Informato" per ricevere le nostre novità

Premessa

È con molto piacere che presento questo lavoro prodotto da un mio caro amico e collega Marco Iacono, serio professionista molto impegnato sul territorio di Trieste con il suo Istituto, attivo nella divulgazione del Neo Funzionalismo.

Questa pubblicazione ha lo scopo di fornire un quadro teorico e pratico per intervenire con la metodologia della Psicologia Funzionale sul Burn-out.

Buona lettura,
Responsabile della redazione
Paola De Vita

INDICE

INTRODUZIONE

All'interno dell'area teorica del Neo-Funzionalismo si stanno sviluppando da diversi anni studi, pubblicazioni, convegni ed esperienze operative sul fenomeno dello stress. In un tempo in cui chiunque propone ogni giorno la propria ricetta contro lo stress della vita moderna, è determinante potersi riferire ad esperienze continuative e osservazioni mirate.

A ben vedere, anche la discussione in ambito scientifico su questo fenomeno e le buone pratiche di intervento, si sono fatte sistematiche solo in tempi relativamente recenti.

Ciò è ancora più evidente andando alla ricerca di sperimentazioni sul campo rivolte ad una manifestazione specifica quale il *burn out*. In tal caso vediamo che la gran parte delle conoscenze rimangono, spesso, lontane dai reparti ospedalieri o dagli istituti scolastici. Eppure, a chiunque abbia occasione di lavorare in tali contesti, sarà capitato di conoscere operatori esauriti, inceneriti dalla pressione che non sono in grado di sopportare. Quanti sono gli insegnanti, gli infermieri ma anche magistrati o poliziotti, che trovano nei tranquillanti l'unico strumento di gestione dello stress, magari portandosi anche dentro la paura di esprimere le proprie difficoltà nel contesto lavorativo?

Va fatta, allora, chiarezza su ciò che caratterizza le diverse manifestazioni dello stress, su ciò che smette di funzionare nelle persone e sui fattori che possono facilitare una crisi. Ambiguità ed ignoranza creano un contesto florido per lo sviluppo di pregiudizi. Fa paura lo stigma del malato che non presenta disturbi direttamente ascrivibili a cause "organiche".

L'importanza del definire lo stress come disturbo non inseribile nella psicopatologia sta proprio nell'aver evitato l'etichetta di "malato mentale" a chiunque manifesti degli squilibri psicofisici. Studiare lo stress ci porta molto più nei luoghi di lavoro e delle attività quotidiane che nei contesti propri della psichiatria.

Rispoli, i suoi primi scritti

Il lavoro nella società attuale è senz'altro una delle fonti più importanti di stress, come è stato riconosciuto anche in sede di Commissione dell'Unione Europea. Non a caso si è progressivamente avviato un processo legislativo che ha preso in considerazione lo stress all'interno della più ampia discussione sulla sicurezza nei luoghi di lavoro. Nel nostro Paese, con il Decreto

81/2008, le aziende hanno dovuto avviare una valutazione globale di tutti i rischi per la salute e sicurezza dei lavoratori presenti in ambito organizzativo, al fine di garantire nel tempo il miglioramento dei livelli sicurezza. In molti casi la legislazione ha però solo stimolato l'avvio di un processo, molto è ancora in fase di realizzazione. A volte una procedura di valutazione e intervento é prevista sul piano formale dalle aziende, ma manca di quella concretezza necessaria affinché sia efficace.

Eppure tali progressi esprimono un cambiamento che sta avvenendo socialmente nella percezione della salute individuale. Questo è il momento per sistematizzare le sperimentazioni realizzate nel tempo e per identificare con sempre più accuratezza ciò che caratterizza diversi fenomeni. Le manifestazioni dello stress non sono tutte uguali e vanno spiegate in funzione delle diverse componenti che sono loro proprie.

Lo *stress lavoro-correlato* va analizzato in modo distinto dalle reazioni individuali allo stress. Ma, anche guardando ai vissuti individuali, alcune persone soffrono più facilmente di disturbi da somatizzazione, altre subiscono la propria irascibilità incontrollata o entrano in condizioni di *burn out*. Le modalità di reazione di ogni individuo sono radicate nel suo percorso di vita e vanno capite nel loro andamento. Solo tramite il riconoscimento dei Funzionamenti che il singolo individuo ha sviluppato nel corso della vita si possono tarare interventi precisi ed efficaci che riducano le specifiche manifestazioni dello stress cronico. Anche quelli che, con un termine medico, chiamiamo "sintomi" vanno inseriti all'interno di un funzionamento, o disfunzionamento, complessivo.

Nei disturbi da stress e, in particolare per il *burn out*, è difficile riferirsi ad avvenimenti arbitrari e casuali. Disagi e malattie sono la conseguenza dell'interazione tra fattori biologici, psicologici e sociali. Nell'incontrare questi fenomeni non si riscontra mai una causalità diretta, eppure la molteplicità di fattori non deve scoraggiare, né indurre a semplificazioni. E', invece, importante guardare alle conoscenze attuali su questa particolare manifestazione dello stress che è il *burn out* lavorativo, inserendole in una cornice generale di riferimento.

Nelle seguenti pagine si andranno a leggere i diversi fenomeni, tramite l'originale e innovativa teorizzazione del rapporto mente-corpo sviluppata da Luciano Rispoli fin dai suoi primi scritti. In base a questo modello, psiche e soma non sono parti distinte occasionalmente in interazione, ma aree del Sé profondamente integrate che si esprimono con Funzioni cognitive, emotive, posturali e fisiologiche.

Solo attraverso una lente che tenga conto dell'insieme e, al contempo, delle sue varie componenti, è possibile superare i limiti di comprensione che caratterizzano il modello biomedico più classico. Come spiegare che nella stessa scuola, con gli stessi studenti, un insegnante va in *burn out* e un altro, invece, è premiato per lo sviluppo di metodologie didattiche innovative? Come spiegare che nello stesso reparto un infermiere mantiene modalità supportive con i pazienti, mentre il collega sviluppa disturbi invalidanti che lo fanno restare settimane a casa in permesso per malattia?

Solo dalla capacità di lettura del funzionamento della singola persona, e delle modalità di relazione con il suo contesto, può derivare una più profonda comprensione di manifestazioni quali il *burn out*.

STRESS E BURN-OUT: RICERCHE E STUDI

Il primo a identificare il fenomeno del *burn out* è stato uno psicologo di origine tedesca che negli anni '70 dello scorso secolo lavorava in una *free clinic* a New York. Il movimento delle *free clinic* in quel periodo era supportato da operatori che lavoravano prevalentemente con i tossicodipendenti. Lo psicologo, di nome Herbert Freudenberger, lavorava intensamente in questo contesto "senza guardare l'orologio" per rispondere alle esigenze dei molti pazienti. Dopo qualche mese si accorse di essere diventato sarcastico e cinico nei confronti di queste persone, ma continuò strenuamente a lavorare. Ravvisò la necessità di un supporto per sé solo quando i livelli di angoscia e spossatezza arrivarono al punto da condizionare la sua vita al di fuori del lavoro.

Il termine *burn out* che era utilizzato per descrivere il fin troppo tipico deterioramento del tossicodipendente, venne ripreso da Freudenberger per descrivere il modo in cui lui si era sentito sotto la pressione lavorativa.

Molti ricercatori si sono occupati in seguito di tale fenomeno, studiandolo prevalentemente all'interno di quei contesti socio-sanitari ed educativi in cui è centrale il rapporto con l'utente. Va affermato, però, fin d'ora quanto sia riduttivo ricondurre il disturbo solo a tali contesti.

Se un operatore socio-sanitario alza decine di pazienti al giorno per sistemarli a letto, non necessariamente si sta "stressando". Va fatta una distinzione fra fatica e stress. La fatica è strettamente legata allo sforzo a cui è sottoposta la struttura muscolo-scheletrica, sforzo che comporta a livello fisiologico un accumulo di acido lattico. Lo stress, invece, è una tensione generalizzata che coinvolge sia i livelli muscolare e fisiologico che quelli cognitivi ed emotivi. Fin dalla prima pubblicazione di Freudenberg del 1974, molti studiosi si sono interrogati sulle caratteristiche del deterioramento da *burn out* rispetto ai malesseri propri di altre forme di stress. Alcuni si sono concentrati su una descrizione del fenomeno in chiave personologica, altri l'hanno ascritto a fattori puramente contestuali ed organizzativi. Un contributo importante alla discussione è arrivato dalle ricerche di Christina Maslach e collaboratori. Al contrario di Freudenberger, la Maslach utilizza un approccio di tipo cognitivo, quindi analizza le strategie cognitive adottate dai medici per fronteggiare l'impatto emotivo del lavoro. Osserva tutte quelle che possono essere considerate le percezioni negative nei confronti dei pazienti e la messa in discussione delle loro competenze. Dai suoi lavori è derivato uno strumento di valutazione, l'M.B.I., che è diventato un protocollo quasi universalmente utilizzato.

Secondo la Maslach il *burn out* si può ricollegare ad alcune discrepanze fra le caratteristiche dell'organizzazione e la natura della persona, che comportano:

- sovraccarico di lavoro;

- assenza di controllo sulle proprie attività;

- assenza di ricompense adeguate rispetto al lavoro svolto;

- difficoltà nel sentirsi parte di una comunità;

- trattamenti iniqui;

- valori contrastanti.

In presenza di tali fattori, si manifesta quella che è stata definita *una sindrome multidimensionale da cui derivano depersonalizzazione, esaurimento emotivo, ridotta realizzazione professionale* e di conseguenza scarsa produttività, creando difficoltà alla stessa organizzazione del lavoro.

Sempre di più il *burn out* appare come un fenomeno multifattoriale non legato solo a condizioni lavorative disagevoli ma è, piuttosto, l'epilogo di vicende individuali che si correlano a fattori organizzativi aziendali, al mercato del lavoro, a fattori sociali, a caratteristiche di personalità, a tipologie di contratti di lavoro, alle possibilità di esiti positivi rispetto al proprio operato e a molte altre variabili. Rientra nel nuovo rischio professionale o rischio emergente così come definito nel Piano Sanitario Nazionale 2003-2005 (F. Pellegrino, S. Abate, D. Della Porta, 2005).

Per quanto queste reazioni si siano osservate inizialmente negli operatori di ambito sanitario ed educativo, le ricerche dimostrano che il *burn out* non colpisce solo le *helping professions*, ma chiunque sia in contatto con colleghi, superiori, utenza in generale e abbia come parte centrale del lavoro la relazione con gli altri. Ad esempio Pines e Aronson (1981) riscontrarono casi di *burn out* fra i dentisti, Jackson (1984) ipotizzò il rischio di *burn out* anche per manager e supervisori che supportano i propri collaboratori davanti a difficoltà di diverso ordine e grado.

Alcuni studi hanno, inoltre, registrato una particolare forma di disagio degli operatori a contatto con pazienti traumatizzati chiamata *compassion fatigue* (Figley, 1995). Essa si distingue da una condizione generale di *burn out* per la sintomatologia molto più simile al disturbo post-traumatico da stress.

Le osservazioni svolte nell'ambito della medicina del lavoro hanno portato a considerare come cause fondamentali del calo motivazionale del *burn out*, le caratteristiche ambientali oggettive, come il rumore o le sostanze tossiche presenti sul posto di lavoro. Sembrano, però, avere peso notevole le variabili di natura più soggettiva e sociale come il clima di gruppo, le comunicazioni interpersonali e la soddisfazione individuale (Anibaldi, 2001). Alcuni ricercatori hanno sottolineato una caratteristica particolarmente negativa di chi sperimenta questo disturbo:

> l'operatore è incastrato in una spirale negativa per cui non chiede aiuto o non lotta per cambiare, non accetta di fallire e continua ad agire in modo inefficace.

La Maslach ritiene che i lavoratori più a rischio di burn-out siano quelli che hanno difficoltà nel definire i limiti tra sé e gli altri, ed i confini tra professione e vita privata.

In un tentativo di descrivere il processo involutivo tipico di questo fenomeno molti autori, a cominciare dallo stesso Freudenberger, hanno cercato di individuare alcune fasi. Una prospettiva, però, più interessante è quella di Maslach e Leiter (2000) che, nel corso di più di vent'anni di ricerche, sono passati da una descrizione basata su fasi temporali all'identificazione di un processo per polarità opposte. Essi propongono tre dimensioni del disturbo:

- Esaurimento

- Disaffezione

- Inefficacia professionale

Questi tre elementi si pongono su un continuum. tanto più la persona riesce ad andare nella polarità dell'engagement, tanto meno rischierà di cadere nello stato di prostrazione tipico del *burn out*. La dimensione dell'*engagement* è identificabile in base a:

- Energia

- Coinvolgimento

- Efficacia professionale

Sebbene queste categorie siano ancora troppo generiche, è apprezzabile lo sforzo di superare una concezione per fasi involutive, basata cioè sull'idea di un deterioramento in più stadi fra loro conseguenti. Si favorisce, piuttosto, l'identificazione dei funzionamenti propri della persona che affronta il lavoro con energia, sentendosi partecipe a livello emozionale e affettivo. Questa riesce nel proprio lavoro, contribuendo agli obiettivi dell'organizzazione e non rischiando quel crollo dell'autostima, tipico di molti lavoratori "bruciati" dallo stress.

Molti contributi scientifici importanti sono stati sviluppati nel tempo da diversi autori ed esiste ormai un consenso generale in merito al concetto di *burn out* e alla sua natura multidimensionale. Non vi è più dubbio in merito alla necessità di contestualizzare le reazioni da *burn out* e di vederle come frutto dell'interazione fra lo stato del lavoratore e la condizione lavorativa.

Eppure permangono ancora ambiguità e aspetti su cui non si riesce ad esprimere una parola definitiva. Qual è la differenza fra *burn out* e *work stress*? Quanto sono utili sul piano operativo le diverse classificazioni usate per definire il disturbo? Come intervenire in pratica su un fenomeno così complesso che coinvolge l'interazione fra i funzionamenti dell'individuo e le modalità proprie dell'organizzazione?

Per rispondere a queste domande dobbiamo probabilmente operare un cambiamento culturale ed epistemologico. Da uno sguardo, tipico di molti contesti lavorativi, che tende a soffermarsi su variabili comportamentali e strategie fortemente contestualizzate, dobbiamo passare a considerare la complessità dell'individuo e dell'organizzazione, pur senza perdere i dettagli operativamente significativi. Proprio per la complessità del fenomeno e per i disturbi ad esso legati, non possiamo rispondere proponendo solo tecniche di rilassamento o interventi tesi ad indurre cambiamenti organizzativi. Non perché tali proposte siano di per sé negative, ma perché il paziente[1] in stato di prostrazione tipico del *burn out* non ha spesso le risorse né la disponibilità per attendere gli effetti di soluzioni non mirate al suo specifico bisogno.

Diviene sempre più necessario saper proporre interventi che vadano a modificare in tempi brevi la

---

[1] Nel testo, si usa la parola "paziente", intendendo in senso ampio tutte le persone che riportano, e sopportano, una qualche forma di malessere.

condizione di malessere su tutti i piani dell'individuo, non solo quello cognitivo o muscolare. Vanno implementate modalità che permettano il pieno recupero di determinati Funzionamenti psicofisiologici per riportare la persona ad una condizione di salute e pieno benessere.

IL CONTRIBUTO DEL NEO - FUNZIONALISMO

Le moderne organizzazioni, e gli individui che ne fanno parte, si trovano ad agire in contesti complessi e richiedono supporti sempre più precisi e mirati. Nuove modalità di intervento, anche in ambito lavorativo, sono ispirate oggi dalla prospettiva del NeoFunzionalismo.

I primi autori a proporre una visione *funzionalista* dell'essere umano appartenevano ad una scuola di pensiero sviluppatasi nei primi decenni del secolo scorso negli Stati Uniti grazie ai contributi, fra gli altri, di James Angell, John Dewey e William James. Questi illustri studiosi, muovendosi fra filosofia, pedagogia e una nascente psicologia, si contrapponevano a quei loro colleghi che cercavano risposte nell'individuazione di "strutture psichiche", qualcosa che potremmo definire costituenti "materiali" fra loro disgiunti. In questo confronto, quindi, i funzionalisti si evidenziavano per essere i primi a sviluppare una dottrina sistemica, un approccio complessivo e globale ai fenomeni umani.

Il Neo-Funzionalismo nasce da un percorso diverso rispetto al primo movimento statunitense. Fin dagli anni '80, dalle ricerche e le teorizzazioni di Luciano Rispoli si è venuta costituendo la Scuola di Napoli che ha trovato poi pieno sviluppo nella Scuola Europea di Psicoterapia Funzionale (di cui Rispoli è fondatore). Il Neo-Funzionalismo affonda le sue radici nella pratica clinica, nella diagnostica, nell'analisi dei processi terapeutici e di cambiamento. Apporti decisivi sono arrivati anche dalle ricerche di tipo psicofisiologico, dagli studi sul bambino prima e dopo la nascita, dalle ricerche sul Sé nello sviluppo evolutivo, dagli studi relativi al campo delle complesse relazioni corpo-mente (Rispoli, 2014).

L'area teorica del Neo-Funzionalismo si caratterizza per una concezione dell'individuo, dell'organismo umano, visto nella sua interezza. Questa visione unitaria della persona, attraverso tutte le sue componenti psico-corporee, ha trovato notevole sostegno negli studi e nelle osservazioni sullo stress, un fenomeno unanimemente definito come multidimensionale. Da tutto ciò deriva l'introduzione di concetti nuovi che permettono di precisare e dare operatività anche alle intuizioni del primo funzionalismo:

- le Funzioni sono le componenti attraverso le quali si esprime l'intero Sé;

- i Funzionamenti di fondo sono il modo di porsi del Sé e derivano dall'attraversamento in età evolutiva di specifiche Esperienze di Base;

- le Attività umane sono ciò che l'individuo intraprende nella vita per la realizzazione di sé e del proprio rapporto con gli altri e la società, e richiedono l'attivazione di più Funzionamenti di fondo.

Le Attività Umane sono complessi di attività che ogni persona vive nei diversi ambiti e ruoli della sua esistenza, fra queste vi è il lavoro. Ciò significa che per comprendere realmente il modo di essere e di reagire dell'individuo nei contesti organizzativi non basta osservare un suo specifico atteggiamento o comportamento, ma è necessario comprendere quanto sono integri quei Funzionamenti di Fondo richiesti da quella Attività.

> Le modalità fondamentali nella vita, modalità di relazione con se stessi e con gli altri, sono definite Funzionamenti di Fondo, pilastri per l'esistenza umana.

Considerare primariamente i Funzionamenti di Fondo della persona permette di andare alla radice di tutto ciò che poi si articola di volta in volta nelle diverse situazioni della vita. In tal modo, nel tentativo di comprendere l'altro, non si rischia di perdersi a raccogliere i tanti pensieri, comportamenti o atteggiamenti che si attivano nell'interazione con l'ambiente.

Al livello dei Funzionamenti di Fondo è possibile tenere in considerazione l'integrazione del Sé. La moderna Psicologia Funzionale[2] fondata da Rispoli ha sviluppato una visione molto precisa di ciò che è il Sé, un costrutto utilizzato da molti autori ma anche messo in discussione da altri. Non è, infatti, possibile definire il Sé solo in quanto esperienza e percezione di Sé, poiché questo ci riporterebbe indietro di anni al tentativo di

---

[2] La Psicologia Funzionale riguarda gli studi e le applicazioni basate su una concezione di unitarietà e integrazione della persona e ha come riferimento i principi del Neo Funzionalismo.

identificare una struttura concreta e monolitica. Come ha sostenuto Rispoli in molti lavori e pubblicazioni, è necessario andare verso un Sé inteso come organizzazione di Funzioni, non parti o "pezzi" della persona, non mente e corpo ma una unità integrata in cui tutti i livelli sono presenti contemporaneamente all'interno di processi circolari. La persona esprime pienamente se stessa attraverso le emozioni, i movimenti, le posture, le sensazioni, le fantasie. Inoltre, queste Funzioni psico-corporee vanno considerate come unità primarie rispetto ai comportamenti e non sono fra loro contrapposte.

La rappresentazione dell'organizzazione complessiva del Sé, utilizzata all'interno del Modello Funzionale, prevede una sfera che contiene quattro grandi raggruppamenti di Funzioni: il piano cognitivo-simbolico; emotivo; posturale-muscolare e fisiologico (vedi fig. 1).

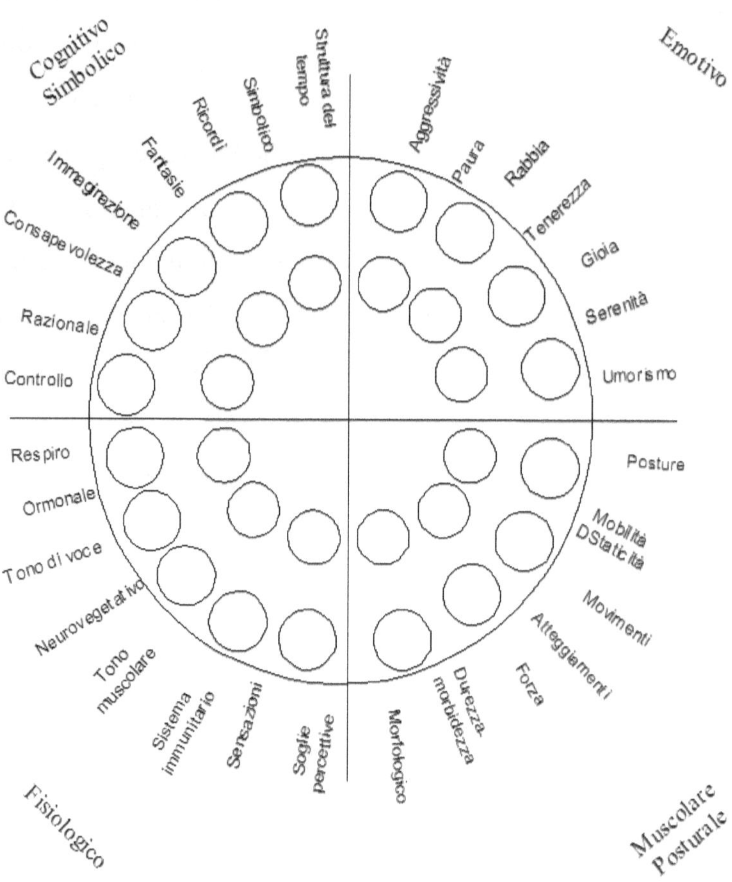

Fig. 1 Funzioni del Sé   (L. Rispoli, 1996)

Va, infine, sottolineato quanto il Neo Funzionalismo si basi su una solida teoria evolutiva. Il presupposto è una visione del bambino in quanto persona completa fin dalla nascita. Un individuo che è tutt'altro che isolato dalla realtà o immaturo. Tutte le Funzioni sono presenti e integrate fin dalla nascita. Nel tempo si complessificano man mano che aumenta la complessità dei contesti in cui il piccolo si viene a trovare. Nel confronto con le pressioni dell'ambiente si sviluppano spesso delle alterazioni. Queste alterazioni derivano dall'attraversamento non pieno e positivo di alcune esperienze fondamentali per il bambino nel corso del suo sviluppo. Affinché l'adulto possa contare su Funzionamenti di Fondo integri e adeguati ad attraversare pienamente le diverse fasi della vita, è importante che nel corso del suo sviluppo sia riuscito a sperimentare in più occasioni, e in modo sufficientemente positivo, determinate Esperienze di Base del Sé (EBS).

Sempre più modelli e sempre più ricerche evidenziano il valore delle esperienze vissute dalla primissima infanzia. Il mondo sensoriale dell'essere umano comincia a svilupparsi fin dal grembo materno e nell'integrazione con altri sistemi psico-fisiologici determina le modalità di reazione del bimbo in contatto con l'ambiente circostante. Di tutto ciò una scienza che studia il Benessere dell'Uomo deve tenere sempre più conto. Non è più tempo di modelli adultocentrici che promuovono principi basati sulla visione semplicistica del bambino come un individuo non ancora completo e incapace di una diretta interazione con l'ambiente e con le varie figure di riferimento.

Non abbiamo modo di sostenere scientificamente che l'essere umano adulto ben adattato nella nostra società sia il miglior traguardo che può raggiungere un bimbo. Sempre più dati fanno, piuttosto, propendere per una visione esattamente opposta: i bambini al momento del concepimento sono in una condizione di integrazione originaria e il loro organismo, pur dovendo complessificarsi con l'aumentare delle richieste ambientali, non è "immaturo". Le EBS[3], quando vissute positivamente, sono necessarie affinché l'individuo mantenga un livello di integrazione e di capacità di risposta all'ambiente tale da trovare soddisfazione dei propri Bisogni fondamentali[4].

---

[3] Da ora in poi nel testo si utilizzerà l'acronimo per Esperienze di Base del Sé (EBS).
[4] Per un approfondimento sulla teoria Funzionale dei bisogni si rimanda a Rispoli, 2004.

Da questa breve esposizione di alcuni principi fondamentali del Neo Funzionalismo si comprende come si possa veramente guardare alla persona intera in tutte le situazioni che vive.

Individuare ciò che la fa star bene o male al lavoro, richiede di superare i riduzionismi, richiede di saper leggere i Funzionamenti di Fondo dell'individuo all'interno di questa Attività Umana così importante in più fasi della vita.

ESPERIENZE DI BASE E POSSIBILI ALTERAZIONI DEL SÉ

Facciamo ora l'esempio di Giulio, infermiere in Medicina d'urgenza presso un grande ospedale italiano. Giulio svolge bene le mansioni che gli sono assegnate, soffre la struttura organizzativa che poco valorizza e gratifica chi, come lui, si dedica totalmente al lavoro ma trova soddisfazione quando i colleghi e, a volte, i pazienti dimostrano di apprezzare il suo impegno. Anche il caposala nota il modo di lavorare di Giulio, al punto di proporgli di diventare suo "vice", un diretto collaboratore che lo coadiuvi nell'organizzazione del reparto. Giulio, all'inizio, è molto gratificato da questo riconoscimento e ci mette lo stesso impegno che metteva quando svolgeva le sole mansioni infermieristiche, eppure dopo poco i nuovi compiti cominciano a stressarlo e lo rendono insoddisfatto. Da un lato si trova a dover comunque svolgere in parte le attività puramente infermieristiche, dall'altra deve seguire compiti organizzativi che lo portano a contatto con i colleghi molto spesso quando vi sono problemi da risolvere. Fin dal tempo in cui viveva con la sua famiglia d'origine, Giulio ha lottato per essere visto e considerato da chi gli stava vicino e, per trovare risposta a questo bisogno, si attivava per essere d'aiuto all'altro. Spesso questo attivarsi per l'altro non portava, però, che ad ulteriore frustrazione perché non si sentiva sufficientemente apprezzato. Anche in ambito lavorativo, quindi, Giulio sta rivivendo una carenza che, qualora non venisse notata, lo porterebbe a mettersi sempre più in condizioni di stress.

E' importante comprendere che uno stato di stress cronico non può essere valutato correttamente registrando solamente le condizioni attuali che pongono sotto pressione le persone. Un altro infermiere, nella stessa condizione di Giulio, sarebbe estremamente gratificato dai nuovi compiti e, magari, vivrebbe bene proprio la riduzione dei contatti continui e ravvicinati con l'utenza.

Va distinto lo stress, in quanto reazione generalizzata dell'organismo, dagli stressors, cioè dagli eventi che stimolano la reazione allo stress. Altrettanto chiaramente va sottolineato che non ci sono stressors sufficienti in quanto tali ad innescare lo stato di stress. Sono piuttosto le condizioni di alterazione della configurazione complessiva del Sé ad attivare un processo di cronicizzazione dello stress (Di Nuovo, Rispoli, 2011).

> Le esperienze non gratificanti del passato portano ad alterazioni delle singole Funzioni che vanno in una sorta di cortocircuito. Infatti, l'alterazione delle Funzioni interferisce con il *modo* di percepire e di reagire alle condizioni di stress

La modalità generale con la quale tutto l'organismo reagisce allo stress è un Filtro Funzionale che può ulteriormente alterarsi nella permanenza di condizioni di stress cronico. Il modo in cui percepiamo un evento come affrontabile o meno è determinato non solo dalle proprie convinzioni o dalle emozioni vissute al momento ma anche dalla respirazione prevalente, dal tono muscolare di base o dalla condizione neurofisiologica, cioè dall'impatto complessivo che l'evento ha su tutto l'organismo. E' così possibile comprendere ancora meglio la differenza fondamentale che esiste fra un evento stressante (*stressor*) e la condizione di stress cronico che deriva da un processo prolungato di alterazione su tutti i piani Funzionali (cognitivo, emotivo, posturale-muscolare e fisiologico).

Osservare un'alterazione non è equivalente a diagnosticare una patologia; questa potrebbe ancora non manifestarsi. Osservare un'alterazione significa cogliere segnali precoci e, spesso, predittivi di un processo che sta andando verso la patologia. Anche per questo è così preziosa la possibilità fornita dal Modello Funzionale di valutare fenomeni, quali lo stress, che non appartengono al campo della psicopatologia ma sono, comunque, fonte di malessere per l'individuo.

Qual è il processo che porta allo sviluppo di un'alterazione?

Abbiamo detto che un ambiente non accogliente fin dalle prime fasi di vita (anche fin dal periodo perinatale) comporta la difficoltà ad attraversare in modo pieno e aperto le Esperienze di Base. Sono così definite quelle esperienze importanti e concrete della vita infantile che rendono possibile uno sviluppo armonico del Sé. Poniamo che una persona non riesca mai ad addormentarsi al termine di una giornata di lavoro e continui a pensare ai problemi che deve risolvere nei giorni successivi. Ciò non è attribuibile solamente ad un periodo impegnativo. Va, invece, colta la carenza al livello di un suo Funzionamento di Fondo. Dobbiamo poter individuare, ad esempio, quanto il paziente è riuscito ad attraversare in modo soddisfacente l'EBS Allentare il Controllo. Esperienze di Base[5] non vissute positivamente fanno sì che la persona non avrà più a disposizione una determinata modalità di reazione e azione nella vita (Rispoli, 2014).

La condizione di carenza di una determinata EBS non è una questione soggettiva e opinabile. E' valutabile chiaramente da testimoni indipendenti che hanno ricevuto adeguata formazione. Infatti, davanti a determinate richieste, è sempre osservabile un'organizzazione complessiva del Sé che si presenta con tali alterazioni sui diversi piani psicocorporei da comportare una modalità di risposta non adeguata all'ambiente. L'ambiente, a cominciare dalle prime relazioni con i genitori, non altera direttamente le singole Funzioni (ad es. la respirazione o l'immaginazione) ma è l'intero Sé che nell'attraversare una determinata EBS subisce l'impatto con la realtà frustrante (Rispoli, 2016).

Quanti ragazzi spinti esageratamente all'autonomia, tendenzialmente poco aiutati e sostenuti, divengono

---

[5] Per un quadro sinottico di tutte le Esperienze di Base, si veda Rispoli (2016).

individui decisi a sostenersi sempre da soli, indipendentemente dalle condizioni ambientali e dagli effettivi supporti esterni?

Vi sono persone che nel corso del proprio sviluppo hanno avuto poche occasioni per godersi momenti di reale e pieno benessere, ciò può succedere anche a causa di frequenti incidenti o malattie. Queste persone si troveranno a fermarsi solo in casi di forte malessere e ad esprimersi solo attraverso il proprio disagio.

Le alterazioni nella configurazione del Sé possono assumere la forma di Funzioni scisse, irrigidite, sclerotizzate. Alcune possono presentare una diminuzione di mobilità o un maggiore o minore sviluppo (ipo o ipertrofie). A causa di questi processi non adattivi, le Funzioni tendono a sconnettersi e a intervenire in modo indipendente dalle altre; ciò comporta rigidità e stereotipie nell'attivare una certa modalità, un certo Funzionamento di Fondo. Un'alterazione del Funzionamento del Percepire porta, ad esempio, il paziente a vedere l'altro come tutto buono o tutto cattivo. Un'alterazione del Contatto attivo si risconterà in affermazioni del tipo "non riesco *mai* ad ottenere ciò che desidero" o "gli altri fanno *sempre* il contrario di ciò che dico".

Guardando alla configurazione complessiva del Sé, il processo di sconnessione fra Funzioni non è caratteristico delle psicopatologie gravi: in queste le alterazioni sono solo più profonde e pervasive.

> Possiamo ravvisare una perdita dell'integrazione del Sé in tutte quelle condizioni che derivano da EBS non vissute in modo pieno e positivo.

E' importante comprendere il percorso che, in un'ottica Funzionale, porta dalla salute alla malattia. Perché all'interno di questo percorso, lungo questo *continuum*, si possono trovare tutti i diversi gradi di malessere più o meno limitante, tra cui quelli derivati dallo stress cronico.

Anche davanti a disturbi più importanti legati allo stress, come il *burn out*, è importante comprendere che le alterazioni non sono blocchi da abbattere ma fanno pienamente parte del funzionamento complessivo di un individuo. Come affermava Kohut "il paziente non soffre per scelta ma per costrizione"[6]. Non dobbiamo, quindi, guardare al paziente come se fosse un "disturbo

---

6 Citato da M.N.Eagle (1991).

da vincere" ma in quanto persona da comprendere pienamente nelle sue difficoltà.

Questa attenzione deve sempre guidare gli atti attraverso i quali il terapeuta si propone di aiutare i tanti individui in condizione di malessere.

IL "BURN –OUT" È UNA SINDROME? LA LETTURA FUNZIONALE

Hans Selye, il primo a studiare scientificamente lo stress, denominò tale fenomeno "sindrome generale di adattamento" per sottolineare quanto fosse intrinsecamente legato alla necessità di doversi attivare per far fronte ad un cambiamento.

Qualche decennio dopo, nel definire la reazione dell'operatore "bruciato", "esaurito" dalle pressioni proprie di lavori basati sulla relazione d'aiuto, Freudenberger la denominava "sindrome da *burn out*". Ebbene, alla luce di quanto oggi sappiamo sullo stress e sul relativo processo di cronicizzazione, è chiaro quanto sia fuorviante l'utilizzo di un termine medico solitamente usato per identificare una malattia. Lo stress cronico e molti esiti negativi che ne derivano, tra cui il *burn out*, non può essere confuso con manifestazioni psicopatologiche. Inoltre, in un'ottica Funzionale, identificare stress e *burn out* come se fossero "sindromi" differenti è altrettanto confusivo.

> Il *burn out* è l'esito di un processo di cronicizzazione dello stress che porta l'individuo a reagire in modo inefficace e inadeguato al proprio ambiente.

Tale reazione è più facilmente riconoscibile nei contesti di lavoro ma ciò la rende semplicemente un esito tipico di un prolungato *work stress*, non una nuova patologia da inserire nei manuali diagnostici. Non possiamo, ad esempio, equiparare il *burn out* ad un disturbo d'ansia.

Cos'è, allora, che accade realmente al paziente logorato dallo stress cronico nei contesti ad alto contatto interpersonale?

In ambito automobilistico, il *burn out* indica il momento in cui le vetture fanno slittare le gomme sull'asfalto con il freno a mano tirato: l'alta velocità di rotazione delle gomme in attrito sull'asfalto comporta un eccessivo surriscaldamento delle stesse. Così facendo, però, le automobili non vanno da nessuna parte, un po' come l'operatore che impiega una quantità elevata di energie per ottenere una performance bassa e inefficace.

I fattori che portano a tale reazione non sono però così chiari ed univoci. Alcuni autori si sono concentrati su caratteristiche di ordine sociale, come le trasformazioni della società o il cambiamento nel valore che viene dato a certi ruoli (ad esempio, quello degli insegnanti). Altri hanno studiato i fattori psicosociali specifici di alcune professioni (ad esempio, la svalutazione da parte dell'utenza del ruolo dell'infermiere) ma tutte queste analisi hanno portato raramente a precise indicazioni operative.

Per poter capire come intervenire in situazioni di *burn out*, al di là delle scelte preventive di natura organizzativa, dobbiamo comprendere bene cosa succede all'individuo.

Iniziamo con l'osservare l'organizzazione del Sé di un operatore in *burn out*. La rappresentazione del Diagramma Funzionale nasce al fine di descrivere un individuo, attraverso le sue peculiari modalità e coloriture espressive. Nel fornire una rappresentazione legata a determinati disturbi, è vero che si corre sempre il rischio di incorrere in generalizzazioni arbitrarie, in quanto ogni individuo arriva a condizioni di alterazione differenti. Ma d'altra parte è utile ed efficace delineare il

Sé Funzionale per descrivere a scopo didattico le componenti comuni ai diversi operatori "bruciati" (fig. 2).

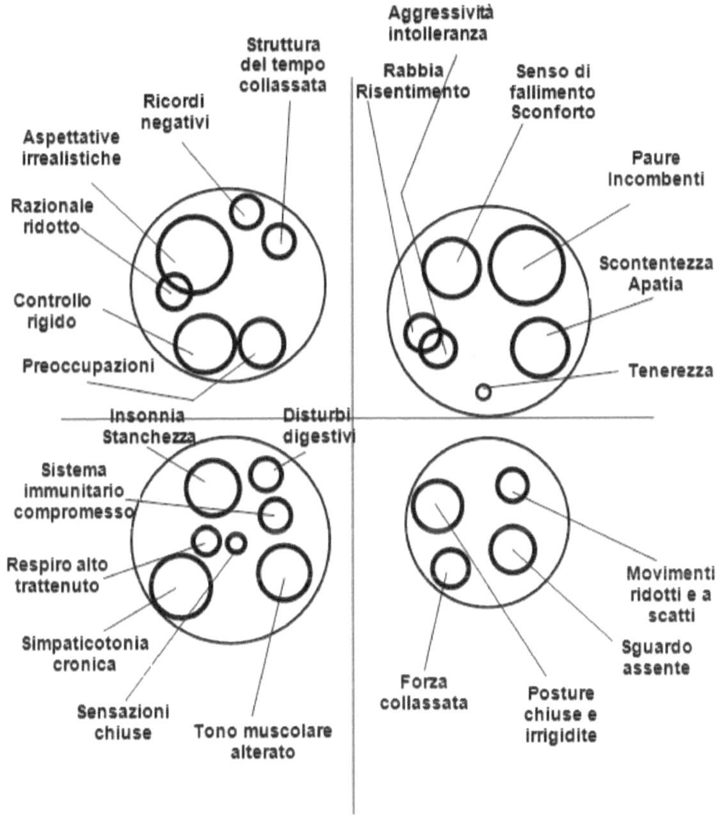

Fig. 2 Diagramma Funzionale nel Burn out

Possiamo notare che l'operatore in *burn out* si trova ad avere una struttura del tempo alterata che alimenta fretta e costante senso di urgenza. Un'alterazione tipica di questa forma di stress cronico riguarda le aspettative che si sviluppano con una sconnessione dalla realtà e dal contesto. Si diviene incapaci di valutare razionalmente ciò che succede, a volte perché preda proprio della scontentezza e delusione. I ricordi a disposizione della persona sono solo negativi. L'ipervigilanza e il controllo sono espansi (ipertrofici) e irrigiditi, nel senso di una sostanziale impossibilità ad allentare. Le preoccupazioni sono sempre molto presenti e condizionano l'idea di futuro.

Sul piano emotivo va rappresentata la presenza incombente delle paure e del senso complessivo di sconforto. La rabbia e il risentimento persistente non lasciano alcuna possibilità di apertura della tenerezza, minando seriamente la capacità di prendersi cura di sé e degli altri.

Proseguendo nella lettura delle componenti proprie del *burn out*, grazie alla rappresentazione del Diagramma Funzionale, evidenziamo che i movimenti (ipotrofici e sclerotizzati) vanno sempre più a ridursi nella vita quotidiana della persona e il loro essere a scatti evidenzia la complessiva condizione di stress cronico. Il senso di affaticamento pervade i vissuti individuali perché la forza è alterata e lo sguardo trasmette un complessivo calo di vitalità.

Infine, su quel piano fisiologico che tanta importanza riveste per comprendere bene le manifestazioni stress correlate, va segnalato lo stato di simpaticotonìa cronica che, con l'alterazione della respirazione, sostiene una percezione generalizzata di allarme. Inoltre i disturbi digestivi e l'insonnia sono comunemente presenti nella vita dell'operatore esaurito.

Guardando alle diverse dimensioni coinvolte in tale disturbo, risultano evidenti elementi di cui gli stessi soggetti non sono sempre consapevoli. Sul piano fisiologico le sensazioni sono chiuse, la percezione di sé va progressivamente a ridursi. Non solo le soglie percettive sul piano fisiologico ma il complessivo Funzionamento di Fondo del Sentirsi è profondamente alterato nell'operatore esaurito. Le ricerche sul *burn out* che si basano su questionari di autovalutazione inevitabilmente riportano risultati influenzati dalla maggiore o minore consapevolezza del problema di chi risponde (Di Nuovo, Rispoli, 2011). E', quindi, lecito presumere che le attuali valutazioni sull'entità e la natura del fenomeno non siano del tutto affidabili.

Dalle ricerche in Psicologia Funzionale si è sviluppata una metodologia innovativa, che prevede una misura "diretta" e "integrata" delle condizioni reali dello stress. Si è andata a determinare una misurazione di tipo multidimensionale che si basa sulle Funzioni più importanti coinvolte, sono stati rilevati i fattori principali correlati allo stress; e da ciò si è realizzata una scala integrata stress-benessere.

Il filone di ricerche più seguito storicamente sul fenomeno dello stress ha riguardato i *life events* (Holmes e Rahe, 1967); si guardava agli "eventi stressanti" nella vita recente di una persona per dedurne la probabilità di sviluppare disturbi da stress. Altri hanno cercato misure indirette riguardanti gli effetti, le patologie già in atto. Gli studi di Luciano Rispoli e collaboratori hanno, invece, sondato la possibilità di leggere e misurare lo stato di stress cronico, analizzando più fattori, appartenenti ai diversi piani Funzionali: psicologici, fisiologici, biologici (Di Nuovo, Rispoli, 2011).

La percezione della propria condizione di stress, lo "stato di stress psicologico", è valutato attraverso un questionario messo a punto da Tessier e Fillon in Canada, e tarato per l'Italia. Accanto a questo è stato studiato in un'ottica di integrazione il ruolo di fattori del piano posturale, motorio, fisiologico (tensione muscolare, temperatura del corpo, conduttanza cutanea, pressione, frequenza del battito cardiaco) e a livello biologico (cortisolo, prolattina, testosterone, ecc.), tutti elementi che si sapevano singolarmente correlabili allo stress. Oltre a tutto ciò si è rilevata la *modalità respiratoria*.

Il valore di questa ricerca non consiste solo nel fatto che, per la prima volta, si sono considerati tutti gli elementi collegati alla condizione di stress cronico. Essa fornisce anche chiari parametri di valutazione su cui basare il proprio intervento a chi si occupa professionalmente di disturbi da stress. Nello specifico, dalla ricerca sono emersi, come valori significativi e maggiormente correlati allo stress cronico, la misura psicologica, la tensione muscolare, la conduttanza cutanea, le posture-movimenti, il cortisolo, la prolattina e la respirazione[7]. In merito alla respirazione si consideri che, per quanto molte tecniche di "rilassamento" prevedano di dedicarvi consapevolmente del tempo, questo è stato un fattore nuovo e non previsto in precedenti ricerche. Anche perché non si è trattato di misurare la frequenza respiratoria ma la modalità con cui i soggetti respirano, guardando all'ampiezza e al rapporto fra le diverse fasi della respirazione.

Non dimentichiamoci, però, che non sono le singole Funzioni del Sé ad alterarsi direttamente nell'impatto con il contesto stressante, sono le EBS ad essere carenti e a portare ad un Funzionamento alterato.

> Quali sono le EBS che risultano comunemente più carenti nella persona sofferente per una condizione di *burn out*?

Come già accennato in precedenza, un'Esperienza che si è sempre più preclusa nel tempo per l'operatore in *burn out* è il Sentirsi. Parliamo di EBS, prima ancora che di un Funzionamento di Fondo proprio dell'adulto, perché la tendenza a trascurare i propri limiti e i propri

---

[7] Per approfondire la ricerca e gli strumenti operativi proposti, si veda Di Nuovo, Rispoli, Genta (2000).

bisogni è qualcosa che si radica nella storia del paziente fin dai vissuti legati alla propria famiglia d'origine.

Facciamo l'esempio di Gianpaolo, infermiere sovraccarico di compiti e incarichi.

Secondogenito in una famiglia di umili origini, ha passato tutti gli anni scolastici a dimostrare ai suoi genitori quanto fosse diverso da un fratello molto problematico. Gianpaolo accorreva ad ogni necessità della madre e, quando la famiglia non richiedeva le sue attenzioni, si dedicava totalmente ad uno sport agonistico che ha lasciato solo al momento di iniziare il lavoro a turni in ospedale. Dagli anni delle scuole superiori ha sviluppato una tendenza a mettersi sotto pressione per ottenere il massimo risultato dal proprio impegno. In nome dell'efficienza e della cura dell'altro, questo infermiere ha perso la capacità di Sentirsi e, quindi, di accorgersi del proprio limite. E' facile prevedere che, in assenza di interventi d'aiuto, egli andrà verso una sempre maggiore difficoltà di riconoscimento del bisogno di distrarsi o riposare.

Un altro Funzionamento di Fondo alterato in chi arriva ad esaurirsi per il prolungato *work stress* riguarda il Lasciare. Ormai è chiaro che non possiamo guardare ad un funzionamento nell'adulto, ignorando quanto si va a radicare in un'EBS carente. Quanto della tendenza a trattenersi per ottenere risultati sempre maggiori, può essere rintracciata in una modalità abituale fin dalle fasi dello sviluppo?

Vediamo che l'abitudine attuale di Costanza, insegnante di scuola media superiore, di correggere i compiti fino a notte fonda, non è così distante dal tempo in cui, da ragazza, studiava mentre tutti dormivano, per essere sicura del voto eccellente all'interrogazione del giorno dopo. Costanza non si è mai data il permesso di oziare. Se non ha qualcosa da fare, va dalla dirigente scolastica a proporsi per nuovi incarichi. Il problema che tutto ciò comporta è, però, evidente se si considera l'insonnia combattuta solo tramite l'assunzione di sedativi. Tanto più la carenza del Lasciare è presente nella storia del paziente, tanto più vedremo le conseguenze del prolungato trattenersi in una complessiva modalità poco energica e vitale. La bambina che non si è concessa per lungo tempo dei momenti di pausa, e addirittura ora non ritiene giusto concederseli, non ha modo di recuperare le proprie energie. Si può trovare ad essere spesso lamentosa e poco divertente perché anche l'EBS Piacere viene a mancare come risorsa nell'operatore in *burn out*. Altrettanto, se non più, carente risulta il Funzionamento del Benessere che non si riesce più ad attivare in modo pieno. Ad un certo punto il lavoro non riesce più ad essere fonte di soddisfazione ma perde di significato. Anche hobbies ed interessi esterni non vengono più seguiti. Ci si comincia a trascurare, restando preda di una falsa sensazione di benessere. Magari la persona sente la mancanza di qualcosa ma questo qualcosa resta indefinito e stimola solo angoscia. Il paziente che ha sperimentato mancanze nelle EBS Benessere e Piacere arriverà a perdere la speranza e l'orientamento verso una soddisfazione futura.

La carenza di un'EBS che appare anche fondamentale per lo sviluppo di disturbi da *burn out* riguarda il Contatto. Il paziente riduce progressivamente la capacità di empatia per l'altro. A questo proposito possiamo portare l'esempio di Arianna, infermiera del Pronto Soccorso che negli ultimi mesi è diventata sempre più insofferente ed intollerante nei confronti dei pazienti e dei colleghi, tanto da essersi completamente isolata in reparto. La sua è la storia di una donna che è dovuta uscire presto da un contesto familiare violento e che ha cercato di sviluppare relazioni che le permettessero in tempi brevi di sopravvivere. Difficilmente ha provato autentico piacere nello stare con gli altri, raramente si è permessa sensazioni di calma che derivassero dal contatto con le persone. Ora si trova ad instaurare

relazioni sempre troppo brevi perché, nel periodo un po' più lungo, il contatto con gli altri le risulta essere fonte di stress.

Un'ultima carenza, a livello di Funzionamenti di Fondo, che va verificata nel paziente in *burn out* riguarda l'Essere Considerati. Questa che, prima di un Funzionamento, è un'Esperienza fondamentale per la crescita del bambino sano, è carente in molti operatori che si occupano di relazione d'aiuto. Ad esempio, il bambino che ha lottato tutta la vita per farsi notare in una sua capacità dagli adulti, si trova a ricercare sul lavoro dei riconoscimenti ad ogni costo e a svolgere straordinari non richiesti. Queste persone percepiscono in modo drammatico la concorrenza con i colleghi e devono sentire costantemente quanto gli altri abbiano bisogno di loro. Il punto è che una grave carenza di questo Funzionamento non mette l'operatore in condizione di migliorare e acquisire nuove competenze. Perché la paura di sbagliare ed essere rifiutati non lo porta ad esporsi in caso di necessità, magari quando non sa portare a termine un

compito. Tutto ciò rende difficile poter contare su di lui e può mettere in serio pericolo il suo posto di lavoro. Il bimbo non Visto e Considerato adeguatamente cresce in uno stato di insicurezza, non gli è stato permesso di consolidare un'immagine positiva di se stesso.

EBS carenti della persona in *burn out:*
Sentirsi
Lasciare
Benessere
Contatto
Piacere
Essere visti

Tab.1

Questo deficit lo renderà, da adulto, propenso ad andare in sovraccarico nella ricerca spasmodica di un riconoscimento per i propri meriti, meriti che non si attribuisce ma vede solo nei risultati che produce.

Oltre alle EBS appena descritte (tab. 1), che vanno ad essere sempre alterate nei casi di *burn out*, sono, a volte, da guardare altri Funzionamenti. Questi non sono generalizzabili a tutte le situazioni proprie di questa manifestazione dello stress cronico. Risultano essere, però, importanti elementi da considerare per il recupero dell'equilibrio di alcuni singoli casi. Ci si sta qui riferendo ad EBS quali Controllo, per quanto riguarda la possibilità di Allentare, la Tenerezza e la Forza calma.

In merito alla prima delle tre, va restituita la Capacità di riconoscere il pericolo reale da percezioni alterate che alimentano l'ipervigilanza. Allentare il Controllo deve, quindi, portare a ridurre quelli che sono chiamati "stimoli fantasma" (Di Nuovo, Rispoli, 2011).

In merito al Funzionamento della Tenerezza, questo va necessariamente recuperato nei casi in cui l'operatore manifesta un senso di falsa autonomia che non gli permette di percepire un bisogno di aiuto. Si tratta di quelle situazioni in cui la paura di sbagliare e perdere la considerazione altrui, di cui si è detto sopra, porta ad una estrema rigidità scambiata per Forza. Gli atteggiamenti di chi vuole mostrarsi forte ad oltranza, riducono la possibilità di trovare nuove modalità per affrontare lo stress.

In momenti particolarmente critici o per contingenze esterne, l'emergere di evidenti manifestazioni da stress cronico possono portare la persona ad inserirsi in un percorso di trattamento. In questi casi è essenziale riuscire a permetterle di riattraversare anche la Tenerezza.

Il recupero della Forza calma andrebbe inserito fra gli obiettivi di un trattamento, laddove si riscontrasse la tendenza a covare rabbia e rancore o modalità alterate che portano il paziente al ritiro nella passività.

Un operatore in *burn out*, se non viene visto neanche quando manifesta questa forma di malessere, può arrivare a sviluppare disturbi psicopatologici quali somatizzazioni importanti, attacchi di panico, fobie, depressione. Saper guardare ad un Funzionamento che si sta alterando diventa una competenza necessaria alla prevenzione, prima ancora che al trattamento, di certe "sindromi" da stress.

LA VALUTAZIONE DEL FENOMENO IN AMBITO ORGANIZZATIVO

Nel corso degli ultimi anni i Consigli regionali dell'Ordine degli Psicologi hanno proposto diverse iniziative sul tema dello stress lavoro correlato. Nel 2013 il CNOP[8] ha realizzato un intero volume ricco di contributi di diversa provenienza dal titolo "Rischio stress lavoro correlato. Le competenze dello psicologo nella valutazione e gestione". Nonostante ciò, va detto che la legislazione in materia non prevede specificatamente la figura dello psicologo all'interno del processo di valutazione dello stress sul lavoro. Si tratta chiaramente di un'anomalia, non essendoci altre figure professionali che possano vantare una formazione di base parimenti adeguata ad affrontare questa materia. Lo psicologo può intervenire direttamente nella valutazione del rischio stress lavoro-correlato, in collaborazione con le figure quali l'RSPP[9], gli addetti SPP e il medico competente.

---

[8] Consiglio Nazionale dell'Ordine degli Psicologi.

[9] L'RSPP è il responsabile dell'SPP, il servizio di prevenzione e protezione nominato dall'azienda.

Può sviluppare occasioni di formazione e aggiornamento dei valutatori, utilizzando metodologie e strumenti contestualizzati, può sicuramente progettare e, poi, gestire gli interventi correttivi dopo una "valutazione preliminare". In alcune situazioni aziendali, è necessaria una "valutazione approfondita" che richiede allo psicologo di svolgere non solo il ruolo di formatore o supervisore ma di attivarsi con il meglio delle sue specifiche competenze per registrare la percezione dei lavoratori attraverso strumenti quali questionari, interviste semi-strutturate e *focus group*. Altre volte deve applicare le sue competenze diagnostiche in caso di singoli lavoratori che inviano una richiesta al Medico competente.

Il professionista che si occupa di stress in ambito organizzativo deve sapersi dimostrare, quindi, aperto al dialogo con le altre figure coinvolte, in modo da sviluppare effettive soluzioni per i problemi riscontrati. Non sempre i modelli di riferimento utilizzati nella pratica professionale in ambito psicologico sono adatti ad un lavoro di tale complessità, un lavoro che si propone di valutare e risolvere questioni complesse in contesti complessi.

Il Neo-Funzionalismo si occupa da anni di studiare e affrontare il fenomeno dello stress sul lavoro e lo fa sposando l'ottica della complessità[10]. Più precisamente, Rispoli considera lo stretto collegamento riscontrabile fra:

> il Sé (l'interezza) della singola persona, un Sé che non è identificabile soltanto nei suoi processi cognitivi, ma è multidimensionale in quanto organizzazione di Funzioni psico-corporee;

> l'Azienda, anch'essa vista in quanto organismo, con i suoi diversi piani e livelli di funzionamento;

> le modalità di organizzazione del lavoro che, così come i Funzionamenti dell'individuo, possono andare incontro ad alterazioni.

Questa si pone come una nuova prospettiva che permette la "cura" o riequilibrio da un lato, e la prevenzione dall'altro.

---

[10] L'epistemologia della complessità si propone di superare i principi di linearità nello studio dei sistemi. Illustri autori che hanno contribuito allo sviluppo di questo approccio sono Edgar Morin e Ilya Prigogine.

Abbiamo visto cosa significa guardare all'individuo attraverso l'ottica Funzionale ma anche le aziende possono essere studiate come organismi viventi, in tutte le loro componenti, utilizzando le modalità di osservazione applicate al singolo.

Saper applicare questa prospettiva permette di mettere in parallelo i funzionamenti dell'organismo umano e quelli dell'organismo Azienda. Ciò significa identificare le sue Funzioni vitali, che non sono i reparti o i ruoli rappresentati nell'organigramma. Le Funzioni di un'organizzazione sono, ad esempio, la temperatura del clima interno, le sonorità ma anche le comunicazioni o la memoria storica. L'organismo-azienda può essere approcciato, quindi, con una visione multidimensionale strettamente connessa con tutti gli organismi viventi che vi lavorano, visti anch'essi in modo multidimensionale (Di Nuovo, Rispoli, 2011).

Per quanto riguarda la persona impiegata nell'organizzazione, vi sono alcuni Funzionamenti di Fondo legati a determinate Capacità necessarie al lavoro. In tabella 2 si vedono queste Capacità fondamentali.

CAPACITA' ESPERIENZE DI BASE
Controllo - Lasciare
Allarme - Tranquillità
Tenere - Essere tenuti
Dare - Ricevere
Forza, Consistenza - Delicatezza
Contatto - Distanza
Portarsi l'altro, Cambiare l'altro – Essere Portati, Farsi Condurre
Condividere, Aprirsi - Tenere per sé
Piacere – Dispiacere
Gioia, Slancio - Tristezza
Progettualità, Espansione - Immobilità
Assertività – Adeguarsi
Essere visti - Vedere l'altro
Essere Valorizzati, Capiti – Valorizzare, Capire
Appartenenza – Estraneità
Influenzare - Rispettare
Creare il nuovo - Conformarsi
Velocità - Lentezza
Mostrarsi – Intimità
Percepirsi, Sentirsi – Percepire l'esterno

Tab.2

Esse sono descrivibili in base a polarità entrambe estremamente importanti per un funzionamento pieno e sano dell'essere umano.

Nei contesti lavorativi è importante saper portare l'altro verso una nostra posizione, tanto quanto sapersi far portare. E' importante saper influenzare ma anche capire quando è il caso di rispettare la visione altrui. Questi Funzionamenti di Fondo sono propri del singolo individuo ma possono subire le interferenze di un contesto, come il contesto lavorativo, dove si passano molte ore della propria vita.

L'organismo-azienda funziona in modo distinto dagli esseri umani che ne fanno parte ma si pone in profonda interazione con essi. Uscire da logiche meccanicistiche nel guardare alle moderne organizzazioni significa mettersi sulla strada per una piena comprensione della complessità in cui aziende ed individui sono immersi.

CORRELAZIONE FRA BURN OUT E ALTERAZIONI DELL'ORGANISMO-AZIENDA.

Un fenomeno come quello del *burn out* richiede più di altri di saper progettare interventi di recupero delle capacità di un individuo che interagisce con un "organismo" quale quello aziendale. Nonostante si sia spesso parlato di "patologia organizzativa", non è corretto individuare le responsabilità di tale "patologia" solo nell'organizzazione. Il *burn out* è pur sempre l'esito di un processo di cronicizzazione dello stress ed è ormai risaputo che organismi differenti rispondono in modo diverso agli stessi stressors. Non possiamo attribuire ai funzionamenti, o disfunzionamenti, dell'organismo-azienda la causalità diretta sui malesseri dell'individuo. Fenomeni che riguardano sia la persona che l'organizzazione sono più che altro il frutto dell'interazione di sistemi fra loro integrati ma distinti.

Determinate modalità di lavoro incidono in modo negativo su quei Funzionamenti di Fondo della persona al lavoro. Se questi sono alterati compromettono le sue capacità e lo stress tende a cronicizzarsi, manca cioè una fase di disattivazione.

Per comprendere ancora meglio questo processo, ci può essere d'aiuto lo schema in fig. 3: la freccia che parte dall'alto rappresenta la componente legata ad un disfunzionamento organizzativo.

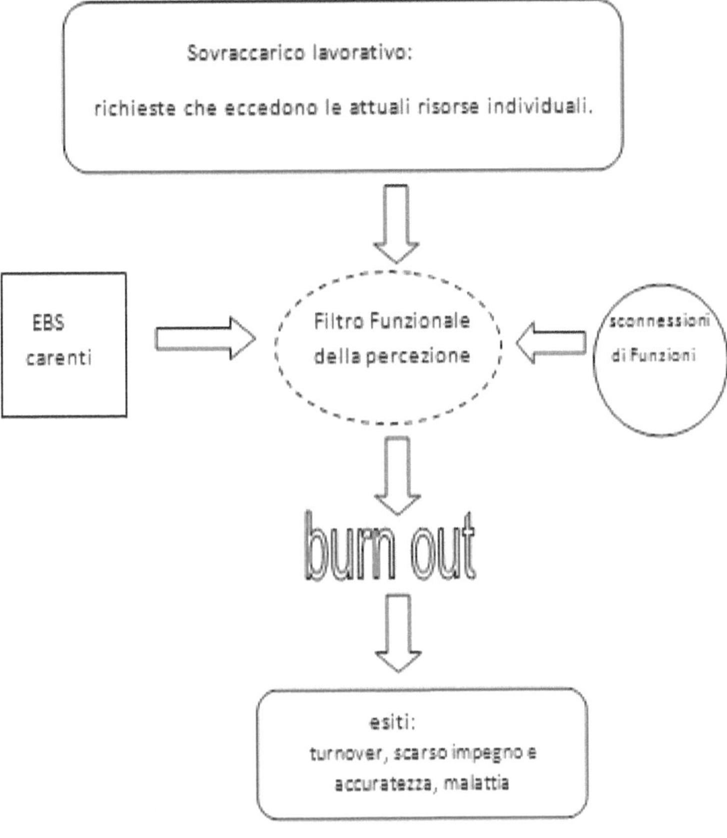

Fig. 3

Tale disfunzionamento comporta un eccessivo carico di lavoro per il singolo individuo; questo è a tutti gli effetti uno stressor che non provoca però a tutte le persone la reazione da *burn out*. Lo *stressor* impatta, infatti, con il Filtro Funzionale della percezione[11]. Tale Filtro può subire delle influenze dallo stato di alterazione complessiva del Sé (freccia da destra) e dallo stratificarsi di esperienze carenti, vissute cioè in modo negativo o insoddisfacente.

E' dall'effetto di queste tre componenti (sovraccarico lavorativo, alterazione del Sé e Esperienze di Base carenti) che emerge il *burn out*.

Fenomeni come l'assenteismo o l'elevato turn over, tanto quanto lo scarso impegno o le manifestazioni patologiche dell'individuo sono solo l'esito di un processo complesso di alterazione del Filtro Funzionale. L'organismo-azienda funge, quindi, da terreno fertile per il mantenimento di Funzionamenti alterati ma non può essere considerato come la causa prima di un esaurimento. Molti che hanno avuto modo di vedere un collega calare sempre più in uno stato di profonda prostrazione ed esaurimento, possono confermare come

---

[11] Per un approfondimento in merito al percorso che porta alle alterazioni del Filtro Funzionale, si veda Di Nuovo e Rispoli, 2011.

il *burn out* attecchisca in persone, spesso, non solo insoddisfatte e stressate dal lavoro ma che hanno subito qualche perdita nella vita personale o risentono di pesanti frustrazioni anche al di fuori del contesto lavorativo. Non si tratta di stabilire di chi sia la responsabilità maggiore ma di comprendere le radici di un fenomeno per sapervi far fronte in modo efficace. E' necessario che i professionisti specializzati in salute e sicurezza in azienda condividano sempre più le importanti differenze che esistono fra stress lavoro correlato, mobbing e *burn out*. Si tratta di costrutti diversi per caratteristiche che richiedono modalità di intervento diverse.

Il mobbing, per i livelli di alta conflittualità che comporta, è sicuramente fonte di stress per il lavoratore. Abbiamo già visto come il *burn out* sia l'esito di una condizione continuativa di stress ma lo stress lavoro-correlato non può, e non deve, essere confuso con il *burn out*, in quanto quest'ultimo non è il risultato del solo stress da lavoro. Ad ogni buon conto tutti questi fenomeni, non così insoliti nel mondo delle organizzazioni, si possono comprendere guardando al modo in cui la persona risponde agli eventi, più che agli eventi stessi. E', quindi, di evidente centralità il ruolo del Filtro Funzionale della percezione.

Prima ancora che l'attuazione di strategie cognitive, esiste il modo di recepire l'evento stressante da parte dell'organismo (non solo a livello cognitivo ma a livello globale psico-corporeo). Un intervento che voglia modificare una condizione di stress cronico o di *burn out* deve avere l'obiettivo di re-instaurare l'equilibrio di questo modo di percepire e reagire agli eventi, un equilibrio che si esprime nella capacità dell'organismo di passare da fasi di attivazione a fasi di de-attivazione, da momenti di impegno e concentrazione ad altri di calma e allentamento.

UN CASO DI BURN OUT: LA PROF.SSA ALICE

Allo scopo di calare in un esempio di prassi operativa i principi del Neo Funzionalismo precedentemente esposti, andremo ora a descrivere un caso specifico di *burn out* lavorativo.

Alice [12], insegnante quaranteseienne di Scuola Secondaria (medie inferiori) chiede un supporto per "imparare a gestire" lo stress che la porta a vivere molto male all'interno dell'organizzazione scolastica. All'inizio del primo incontro non emerge chiaramente quanto sia grave questa "mala gestione" personale e Alice non sembra aspettarsi di dover sostenere un colloquio approfondito. Nelle situazioni in cui la domanda non è chiaramente di natura terapeutica, lo strumento principale del professionista non può essere il classico colloquio clinico, in quanto la disponibilità della persona non è tale da raggiungere il livello di apertura che appartiene comunemente alla psicoterapia. Fin dai primi momenti risulta, quindi, di particolare efficacia l'approccio Funzionale che guarda prioritariamente allo stato complessivo dell'organismo. Non è necessario

---

[12] Il nome è di fantasia.

forzare il paziente a condividere informazioni autobiografiche ma fare in modo di valutare piuttosto l'attuale organizzazione del Sé.

Alice si è sentita rassicurata all'idea di non dover raccontare tutta la sua vita, anche perché, tempo addietro, aveva già seguito un percorso terapeutico di un paio d'anni, interrotto "perché si sentiva meglio". Ad ogni buon conto, richiedendo le motivazioni della sua attuale richiesta di supporto, è emersa una forte difficoltà di relazione con il nuovo dirigente scolastico assegnato al suo istituto. Si sentiva spesso da lui giudicata e criticata e questa situazione era andata a ridurre la sua efficacia come insegnate di Storia e Letteratura.

Un giorno una collega l'aveva avvicinata preoccupata in sala professori, dopo essere accorsa per il rumore insolito della classe durante una sua lezione. Alice era ferma con il gessetto in mano mentre alle sue spalle tutti gli studenti sghignazzavano. Dopo poco aveva cominciato a scrivere date senza che se ne capisse il senso, per poi risedersi alla cattedra continuando flebilmente a parlare. La paziente aveva dissimulato la difficoltà con la collega, non le aveva certo confidato di essere andata spesso a piangere in bagno nelle settimane precedenti, ma l'altra insegnante le ha comunque proposto di contattare uno psicologo di sua fiducia esperto di problematiche da stress.

In seguito alla valutazione della Misura Integrata dello Stress racconta di fare fatica ad addormentarsi durante l'intera settimana e di utilizzare abbondanti dosi di tranquillanti.

Alice ha una figura longilinea, con gambe lunghe e sottili, e il corpo particolarmente magro, con spalle chiuse e trattenute verso l'alto.

La mascella è serrata e anche le labbra si aprono poco mentre parla. La voce risulta flebile e "strozzata in gola". Il corpo è complessivamente in uno stato di ipertono e le mani sono decisamente fredde. La respirazione è scoordinata con un diaframma poco mobile e una gabbia toracica dolente. Anche le gambe risultano molto sensibili e doloranti e questo lei lo attribuisce alle lunghe passeggiate che fa con il suo cane, unico momento di svago e scioglimento delle tensioni quotidiane.

Riprendendo queste prime informazioni, che Alice fa trapelare, lo psicologo decide di indagare meglio la sua condizione di vita attuale. Non sarebbe strettamente necessario all'interno di un protocollo di intervento sullo stress ma, in casi di sospetto *burn out*, è meglio poter escludere la comorbilità con un disturbo dell'umore o con disturbi d'ansia generalizzata. Qualora risultassero alterazioni e carenze più importanti rispetto a colui che soffre "solo" per il *burn out*, l'operatore avrebbe la necessità di inviare il paziente ad uno psicoterapeuta.

> Una fase diagnostica va prevista anche nei casi in cui l'operatore fosse specializzato in psicoterapia, poiché non bisogna confondere l'intervento basato sulla Metodologia Funzionale Antistress con un percorso terapeutico.

Non è consigliabile, neanche allo psicoterapeuta, l'avvio di un protocollo antistress a scopo "esplorativo" con l'idea di modificare in corso d'opera l'intervento. Con ciò non si intende escludere la possibilità che emergano durante il lavoro ulteriori elementi utili ad una diagnosi. Semplicemente non è il caso di iniziare senza avere una visione chiara del livello di alterazione dell'individuo.

Dal colloquio con Alice emerge una vita sociale e sentimentale alquanto ridotta. Praticava vari sport durante il periodo di studi all'università e mentre sviluppava le prime esperienze di insegnamento, ma la stanchezza negli anni l'ha sempre più fermata. Ha da sempre una corporatura minuta e non ha perso peso con il passare del tempo. Eppure negli ultimi due anni ha spesso risentito di una forte spossatezza e una debolezza eccessiva con un paio di episodi in cui è svenuta.

Vi è, però, un ultimo elemento che porta ad escludere psicopatologie importanti in atto e riguarda il livello di vitalità di Alice che non risulta del tutto compromesso. Quando parla del suo fedele cagnolino o delle materie che insegna, gli occhi della donna si illuminano e dimostrano di trarre piacere dai momenti in cui si dedica alle sue passioni.

Carenze importanti dell'EBS Vitalità, accanto ad un'alterazione significativa della Negatività (Rabbia, Dolore e Odio), sono distintive di molti pazienti depressi, mentre non si riscontrano nei casi di *burn out*. L'operatore deve, quindi, registrare il livello di irritabilità e reattività negativa fin dalle prime fasi dell'intervento, senza sottovalutare eventuali racconti del paziente in cui riporta un rancore chiuso e sofferenza cronica vissuta nelle relazioni.

Quest'insegnante è sicuramente in una condizione di stress continuativo che, quando diventa insostenibile, invece di un normale Lasciare, si trasforma in uno sgradevole crollo, ma il quadro complessivo non fa pensare a disturbi di altra natura. Questa prima lettura, però, non ci basta. Vogliamo raccogliere tutti gli elementi utili allo sviluppo di un intervento quanto più possibile individualizzato.

Allora possiamo verificare che, accanto alle Funzioni sui piani posturale e fisiologico già descritte, si osservano gesti ridotti al minimo e piccoli manierismi.

Alcune emozioni risultano complessivamente molto chiuse e separate dagli altri piani. Si osserva, cioè, una notevole difficoltà ad esprimere i propri sentimenti agli altri. L'emozione che affiora con maggiore frequenza è la paura. Ciononostante la gioia e la tenerezza sono presenti e non del tutto stereotipate.

Sul piano cognitivo possiamo osservare una iperespansione del pensiero razionale, che però è inefficace nel controllare le reazioni dell'organismo e nello spiegare dal punto di vista logico i vissuti. Da ciò derivano le preoccupazioni e le fantasie, a volte persecutorie, che lasciano poco spazio al Funzionamento del Sentirsi. Queste alterazioni sul piano cognitivo sono, anche, un potente freno all'azione e rendono Alice sempre più incapace di promuovere un movimento buono per lei.

Il percorso individuale antistress con la professoressa Alice è durato dodici sedute settimanali ed è, poi, proseguito con altri quattro incontri a cadenza poco meno che mensile. Nel corso del tempo un lavoro importante e quanto mai ridondante nella direzione delle EBS Sentirsi e Benessere ha portato ad importanti risultati. Alice ha cominciato a riconoscere per tempo le proprie reazioni negative in condizioni di pressione e, in tal modo, ha imparato a ridurre i pianti fuori luogo e a evitare di arrivare al blocco espressivo. Sentendo maggiormente le proprie necessità, ha anche incominciato ad assumersi meno responsabilità, specie quando non richiesta dall'esterno. Ciò ha portato a prese di posizione più forti con il dirigente scolastico ma, al contempo, anche a modifiche nelle modalità di relazione fra dirigente ed insegnante.

Due EBS ugualmente centrali nel percorso di Alice sono state il Lasciare e l'Allentamento del Controllo che, una volta recuperate sufficientemente, hanno portato ad importanti miglioramenti della qualità del sonno e, non senza difficoltà, ad una riduzione dei pensieri che la fermavano nella ricerca di un cambiamento. Al termine del percorso Alice era molto meno rigida e trattenuta; inoltre, in base a quanto confermatole da più di una amica, risultava più energica e meno rinunciataria. Molto spazio è stato dato al recupero di una respirazione diaframmatica profonda e, verso la decima seduta, la donna ha cominciato a riferire di momenti in cui lo sbadiglio arrivava naturale anche quando, in passato, si sarebbe agitata e innervosita.

A seguito delle fasi centrali dell'intervento antistress, si sono venute a creare maggiori occasioni di scambio e comunicazione. Molti vissuti che all'inizio erano rimasti inespressi, nel corso dei mesi sono stati condivisi. Ad esempio, ciò ha permesso l'esplorazione di quanto di buono era derivato dal percorso terapeutico di qualche tempo prima ma anche di comprendere meglio le motivazioni per le quali l'aveva interrotto.

Un importante lavoro sul piano fisiologico ha fatto sì che tranquillanti e sonniferi scomparissero dalla sua vita. Formicolii, palpitazioni e mal di testa non erano più presenti al termine del trattamento.

Nel tempo Alice ha sentito quanta poca soddisfazione trovavano nella sua quotidianità i bisogni di movimento e di espansione di sé. Negli anni si era creato un circolo vizioso in base al quale più si sentiva affaticata e meno si muoveva, ma l'immobilità la faceva sentire ancora più spossata. Inoltre, raramente sentiva che il suo agire e muoversi nel mondo portava a dei veri risultati. Il suo senso di realizzazione era molto scarso, pur occupandosi di molte questioni nel corso della giornata.

Verso la nona seduta, Alice decide di cominciare a praticare regolarmente jogging con il suo cagnolino e verso la fine del nostro percorso antistress si iscrive ad una scuola di tango. Certo, si sarebbe potuto lavorare ancora per un pieno recupero delle EBS Piacere (per godersi le cose) e Vitalità; ma il percorso sviluppato fino ad allora aveva già portato ad un movimento autonomo per una maggiore espansione e una piena soddisfazione.

I risultati riportati sono stati ottenuti attraverso un percorso basato sull'uso del tocco, sulla modifica delle posture, sull'apertura dei movimenti e il recupero di una respirazione piena e diaframmatica.

Un ruolo significativo è, però, sempre ricoperto dalle parole, lo sguardo e la voce dell'operatore che sviluppa l'intervento. Tutto questo provoca modificazioni profonde in tutto l'organismo grazie ad un intervento calibrato con precisione, evitando di usare tecniche frammentate e giustapposte.

Durante gli ultimi quattro incontri, Alice ha più volte espresso il desiderio di riprendere in seguito le sedute antistress ma non vi era chiaramente più la condizione emergenziale che l'aveva portata dallo psicologo.

In conclusione, anche alla luce dei risultati ottenuti in poco più di tre mesi, possiamo evidenziare quanto il caso non fosse da trattare necessariamente in una logica psicoterapeutica. Con ciò non si intende escludere la possibilità che un percorso più lungo, e finalizzato al recupero di più EBS, potesse essere utile anche in questo caso. E' però importante osservare come un percorso antistress breve possa essere già adeguato per rispondere alle necessità di chi non presenta Funzionamenti significativamente alterati e non dichiara una disponibilità ad un intervento psicoterapeutico.

In secondo luogo va sottolineato che l'intervento non ha coinvolto l'istituzione nella quale Alice lavora. Per chi guarda al *burn out* come ad un fenomeno prettamente organizzativo, il percorso seguito dalla donna potrà apparire troppo limitato, se non inutile, ma è raro poter intervenire su un'intera organizzazione a seguito dell'espressione del malessere di un singolo. Questo avviene anche in situazioni, come quella descritta, dove le condizioni di lavoro non possono essere escluse in quanto fattori stressogeni.

> Idealmente, sarebbe utile intervenire sull'organismo-scuola ma è necessario poter rispondere al bisogno di supporto dell'operatore esaurito, anche quando mancano le possibilità di modifica dell'organizzazione complessiva.

I percorsi che hanno l'obiettivo di intervenire sui Funzionamenti di Fondo permettono di ottenere risultati significativi per la persona anche nell'evenienza in cui il contesto non risulti direttamente modificabile.

INDICAZIONI OPERATIVE PER UN INTERVENTO

Vi sono alcuni aspetti da considerare attentamente per un Intervento Funzionale di prevenzione o cura del *burn out*. Deve esserci più attenzione anche rispetto a quanto già si pone nel trattare altre manifestazioni dello stress cronico.

L'operatore chiamato ad intervenire deve prodigarsi attivamente nel chiarire tre elementi decisivi per la riuscita del suo lavoro.

Il *setting*, ovvero l'ambiente in cui si tiene l'intervento, va molto ben definito con chi è a rischio di *burn out*. E' facile, infatti, che si creino delle aspettative irrealistiche rispetto alla natura del trattamento o al ruolo del professionista. Ciò accade con maggiore probabilità, quando l'operatore è incaricato direttamente da un ente che propone un percorso ai propri collaboratori. In ogni caso è sempre bene definire chiaramente il setting nei termini di uno spazio e un tempo precisi e concordati.

> La condizione ideale per lavorare sul disturbo da *burn out* è quella di un ciclo di 12-18 sedute individuali a cadenza settimanale.

Nelle situazioni in cui non vi sono segnali di particolare severità, si può prevedere il setting gruppale sviluppabile nella tradizione dei Laboratori Funzionali Antistress. Qualora questa fosse l'opzione scelta, sarebbe preferibile evitare la costituzione di gruppi omogenei per reparto ospedaliero o istituto scolastico. Questi Laboratori non sono, infatti, percorsi per migliorare la comunicazione fra colleghi ma interventi che possono, in parte, far emergere sensazioni e disagi non sempre esprimibili sul lavoro.

Per quanto il lavoro sui Funzionamenti di Fondo garantisca esiti buoni, anche in contesti sfavorevoli, è anche vero che vi è spesso meno disponibilità e apertura delle persone con i colleghi di lavoro. Ciò comporta spesso una minore condivisione e valorizzazione degli effetti che il percorso sollecita. Inoltre, nei gruppi omogenei di colleghi possono esservi interferenze negative che emergono, ad esempio, nel far attraversare al gruppo Esperienze quali il Contatto e l'Essere visti.

Nei casi in cui il professionista è coinvolto in progetti di prevenzione del *burn out* ma non ha margini di intervento sull'organizzazione delle attività, in quanto gestite dall'ente committente, si devono stabilire inizialmente in modo molto chiaro i termini e i contorni di quanto proposto.

Il *sostegno iniziale* è ciò che va subito realizzato dal professionista al fine di far sentire un contatto profondo con le esigenze del paziente ed avviare un percorso in alleanza con lo stesso.

In questa fase è necessario, possibilmente attraverso un colloquio individuale, comunicare agli interessati che il lavoro non intende agire sul piano organizzativo. Né è previsto di dare centralità a ciò che il singolo può cambiare nell'ambiente lavorativo, anche se può accadere che si scoprano nuove modalità di azione e reazione nei confronti del proprio contesto. In questa fase di accoglienza non è necessario fissare regole rigide ma segnalare i margini in cui si svilupperà il percorso. In tal modo si forniscono risposte a domande che la persona, di solito, non è neanche in grado di porsi, ma soprattutto si garantisce una guida sicura.

> Una buona fase di accoglienza e chiarificazione in merito al percorso permette di ridurre al minimo le interruzioni dello stesso.

E' necessario precisare, soprattutto nel caso si scelga il setting gruppale, che non sarà richiesto di condividere informazioni su di sé legate alla propria storia personale. Si proporrà, però, ai partecipanti di esprimere le loro sensazioni a seguito delle esperienze pratiche previste dal progetto. Ognuno deve sentirsi libero di condividere ciò che prova anche nel caso lo consideri "negativo".

Va, inoltre, detto chiaramente che la metodologia proposta prevede l'uso di tecniche di respirazione, contatto ed espressione corporea in base ai principi del Modello Funzionale.

Infine, in fase iniziale, è necessario richiedere se altre figure professionali si stanno occupando della salute del paziente (medici, fisioterapisti, ecc.), dando la propria disponibilità a interfacciarsi con esse. Questo ultimo aspetto è essenziale per evitare che un operatore sanitario (ad es. uno psichiatra) possa fornire indicazioni in contraddizione o, addirittura, in opposizione al lavoro proposto durante il percorso Funzionale sul *burn out*. In questa logica è utile verificare la presenza di eventuali condizioni mediche che potrebbero interferire con gli esiti dell'intervento antistress. E' in ogni caso necessario sapere se il paziente sta assumendo psicofarmaci.

Aspetti da considerare in fase di accoglienza:
1. Obiettivi del percorso;
2. Livello di disponibilità richiesta;
3. Caratteristiche della metodologia;
4. Eventuali condizioni mediche interferenti;
5. Eventuale coinvolgimento di figure sanitarie.

La fase di accoglienza e primo sostegno non è un momento informativo puramente formale. L'operatore deve essere disponibile a rispondere a tutti i dubbi che il paziente può avere in modo da giungere ad una piena adesione alle modalità di lavoro e a non doverle ridiscutere nel corso dei successivi incontri. In certi contesti esiste il rischio che la persona si aspetti un intervento diretto del professionista nel contesto lavorativo, anche solo riportando le sue lamentele ai responsabili aziendali. Deve essere, invece, chiaro che l'operatore è lì per sostenere una modifica dei Funzionamenti di Fondo dell'individuo, non per eliminare gli *stressors*, cioè i fattori oggettivi che portano stress. La *metodologia* utilizzata garantisce che questo messaggio sia poi sempre più chiaro e ridondante durante il percorso.

La metodologia a cui si fa riferimento è stata messa a punto negli anni da Luciano Rispoli e utilizzata all'interno di centinaia di interventi individuali e Laboratori di gruppo realizzati nei diversi Istituti di Psicoterapia Funzionale presenti sul territorio nazionale. Altri testi si sono occupati di descriverne caratteristiche e applicazioni[13], ma qui possiamo considerarne alcuni aspetti che rendono il lavoro efficace anche di fronte agli esiti più limitanti del *burn out*.

I protocolli di tecniche previsti hanno lo scopo di giungere ad un'integrazione, ri-armonizzazione e mobilizzazione delle Funzioni del Sé.

Nell'applicare un protocollo l'operatore indirizza il suo agire in modo da far attraversare al paziente l'Esperienza di Base predeterminata.

---

[13] Rispoli, De Vita (2016); Rispoli (2016); Rizzi, Boccasso e Casetta (2012)

> Il professionista che sviluppa l'intervento deve essere ridondante, ripetere più volte le tecniche e le istruzioni, insistendo su quei suggerimenti che sostengono il paziente nel modificare alcuni suoi funzionamenti.

I protocolli sono mirati ad intervenire sulla respirazione, in particolare con lo scopo di recuperare una respirazione diaframmatica profonda, riconoscibile da un determinato movimento e una naturale ritmicità. Prioritario è anche l'intervento sulla tensione muscolare, che è utile non solo a sciogliere tensioni e contrazioni, ma anche ad aumentare la sensibilità a zone del corpo bloccate e meno percepite.

Accanto a questi, si prevede:

- l'intervento sui movimenti, affinché si riscopra morbidezza e fluidità nelle diverse parti del corpo,
- l'intervento sulle posture per uscire da quelle posizioni stereotipate, spesso molto legate ad una condizione generale di stress.

Un'attenzione va data anche al piano cognitivo ma senza lasciare troppo spazio alle parole, prevedendo piuttosto la possibilità di intervenire attraverso l'uso di immaginazioni guidate.

Con i pazienti che manifestano reazioni proprie del *burn out* è necessario dedicare del tempo all'espressione delle proprie sensazioni ed emozioni, tanto quanto poter coinvolgere nel percorso di riequilibrio e ri-armonizzazione il sistema simbolico e valoriale, in modo da ridare un senso a ciò che accade.

Particolare cura, nel percorso di gruppo, va posta ai momenti di scambio e condivisione con i partecipanti. Va sempre considerato il bisogno di Essere visto proprio del paziente in *burn out*. Non gli va data in nessun modo l'impressione di essere considerato "uno degli allievi del corso", un "numero" nel gruppo. E' probabile che tale sensazione gli sia già fin troppo nota sul lavoro e, magari, in altri contesti nei quali non riesce ad emergere con il suo valore di individuo.

Parte degli interventi previsti si basano sul tocco per la sua indubbia potenza evocativa. In Psicoterapia Funzionale si distinguono i differenti tocchi per le differenti finalità che possono avere durante le fasi di un trattamento. Tutto questo permette all'operatore formato con la Metodologia Funzionale di evitare ambiguità o incomprensioni. La competenza nell'uso del contatto fisico è la condizione essenziale per poter sviluppare appieno un intervento antistress. Ad ogni buon conto è consigliabile prevedere una richiesta di consenso al paziente, in modo che egli possa dichiarare apertamente di condividere la metodologia e di conoscere le finalità legate all'uso del tocco.

Nel complesso, la metodologia Funzionale interviene per prevenire e ridurre il *burn out*, sempre agendo su più piani, dalla respirazione al sistema emotivo-motivazionale (Rispoli, 2016). Così facendo si va a garantire la permanenza nel tempo dei risultati ottenuti.

CONCLUSIONI

Al giorno d'oggi molti modelli di riferimento in ambito scientifico si occupano di studiare e descrivere le caratteristiche dell'essere umano, ma sarebbe più corretto dire della "media degli esseri umani". Dovendosi, infatti, basare su dimostrazioni di natura statistica, non possono fare altro che ignorare la storia e la condizione dell'*individuo reale* a favore di un *individuo ipotetico*. Questo è un rischio che si corre anche nel trattare le dimensioni di un dato fenomeno attraverso un'etichetta che dovrebbe racchiudere, ad esempio, tutte le persone sotto stress o tutte quelle in *burn out*. Le chiavi di lettura, e le conseguenti modalità di inquadramento dei disturbi, fornite dal Modello della Psicologia Funzionale permettono di guardare ai processi nella loro complessità e, al contempo, di individuarne gli elementi essenziali.

Nel caso di un disturbo da stress cronico che prende la forma del *burn out*, risulta essenziale lo sviluppo di una Diagnosi Funzionale. Una valutazione che vada a guardare i modi di porsi dell'organismo in sovraccarico su tutti i Piani del Sé. Da questa deriva, poi, un modo di trattare l'individuo che è calato sui suoi specifici modi di agire e reagire.

Un percorso mirato al recupero dei Funzionamenti di Fondo permette di superare la distinzione fra persona e contesto, fra individuo e organizzazione.

Il fenomeno del *burn out* deve essere trattato guardando alla persona in interazione con l'ambiente. E', infatti, troppo semplicistica la conclusione in base alla quale solo le modifiche organizzative migliorano la condizione di malessere dell'individuo. In molte situazioni sarebbe idealmente utile un riequilibrio dell'organismo-azienda, ma non è sempre e solo in un lavoro in quella direzione che possiamo trovare risposta alle esigenze dell'individuo sofferente.

Tale principio vale per qualsiasi cambiamento che cerchiamo intorno a noi. Non esistono condizioni interne ad ogni individuo, all'organizzazione del Sé, che possano essere modificate semplicemente da un cambiamento del contesto. Ciò vale per le aziende, per le città, per le società. Vi sono molteplici livelli di interazione fra i diversi organismi ma ogni organismo, dal piccolo al grande, ha una propria gamma di funzionamenti. Invece di attendere che qualcosa si modifichi nel contesto, è bene intervenire sulla propria capacità di reazione.

Gli eventi esterni possono anche non causare un effetto diretto sul singolo, o comunque non l'effetto auspicato.

Solo rispondendo a bisogni fondamentali quali l'amore, l'espressione, il contatto, la conoscenza, solo andando verso queste direzioni di vita, ci possiamo veramente predisporre alla salute, al benessere e alla gioia di vivere.

BIBLIOGRAFIA

Anibaldi, C. - Le sindromi cosiddette aziendali: situazioni di disagio psicofisico indotte da burnout e mobbing. Atti Convegno SIMEU: Il codice rosso nella Regione Lazio. Ed. Roma (2001).

Di Nuovo S., Rispoli L. - L'analisi Funzionale dello stress: Dalla clinica alla psicologia applicata. Ed. Franco Angeli (2011)

Di Nuovo S., Rispoli L., Genta E. - Misurare lo stress. Il test MSP e altri strumenti per una valutazione integrata. Ed. Franco Angeli (2000)

Eagle M. N. - I cambiamenti clinici e teorici in psicoanalisi:
dai conflitti ai deficit e dai desideri ai bisogni. "Psicoterapia e Scienze Umane" (1991, XXV, 1: 33-46)

Figley C.R. - Compassion fatigue: Coping with secondary traumatic stress disorder in those who treat the traumatized. Brunner/Mazel (1995).

Holmes T.H., Rahe R.H. - The social readjustment rating scale." Journal of psychosomatic research (1967, 11.2: 213-218).

Pellegrino, Abate, Della Porta - Burn-out, mobbing e malattie da stress. Come valutare il rischio psicologico e organizzativo-sociale. Positive press (2005)

Rispoli L. - Esperienze di Base e sviluppo del Sé. Ed. Franco Angeli (2004)

Rispoli L. - Il Manifesto del Funzionalismo Moderno. Alpes ed. (2014)

Rispoli L. – Il corpo in psicoterapia oggi. Neo-Funzionalismo e Sistemi integrati. Ed. Franco Angeli (2016)

Rispoli L., De Vita P. - Intervento Antistress: Compendio Teorico Pratico Sulla Metodologia Funzionale Antistress. CreateSpace Independent Pub. (2016)

Rizzi L., Boccasso E., Casetta L. - Intervenire sullo stress. Gruppo benessere e valutazione. UPSEL Domeneghini (2012).

Grazie per aver letto questa pubblicazione!

Ti presentiamo nelle prossime pagine
la nostra Scuola e il Corso di
Specializzazione in Psicoterapia Funzionale.

www.psicologiafunzionale.it

La Scuola ti fornisce **metodologie e tecniche di intervento concrete e precise,** sia a livello individuale che di gruppo, poiché **puntiamo molto sulla ricerca** ed utilizziamo le scoperte più avanzate delle neuroscienze e di altre discipline attigue.

Ti avvarrai di una scuola **tra le prime in Italia** nella valutazione relativa ai livelli di qualità messi a punto dal Coordinamento Nazionale Scuole di Psicoterapia.

Crediamo nella formazione e nella crescita professionale, per questo motivo ti proponiamo un **ventaglio formativo molto ampio** che parte dai seminari e dai workshop gratuiti fino ad arrivare ai Master Specialistici ed alla Scuola di Psicoterapia (Quadriennale) dove prevediamo anche la possibilità di ottenere **Borse di Studio.**

Riconoscimenti della Scuola

- Membro del **CNSP** (Coordinamento Nazionale delle Scuole di Psicoterapia) dal 2001.

- Riconosciuta dall'**EABP** (European Association of Body Psychotherapy) dal 1987.

- Membro del Forum dell'**EABP** dal 1998.

- Aderente alla **SPR** (Società di Ricerca in Psicoterapia).

- Membro fondatore del **CSITP** (Comité Scentifique International de Thérapie Psycho Corporelle) dal 1987.

CORSO QUADRIENNALE

Specializzazione in Psicoterapia Funzionale
Corso riconosciuto dal MIUR

Specializzazione riconosciuta secondo l'art. 3 legge 56/89. Sono ammessi alla scuola i laureati in Psicologia e Medicina iscritti ai relativi albi professionali. L'iscrizione è subordinata alla valutazione di conoscenze, capacità, esperienze, motivazioni all'attività di psicoterapeuta, e della situazione clinica personale.

Programma formativo

Si articola per ciascun anno in: -Insegnamenti teorici - Gruppo didattico -Laboratori e seminari -Stages intensivi – Supervisione -Tirocini interni -Tirocini esterni.

Forma dei Corsi

Il monte ore totale (500 ore di cui 100 di tirocinio esterno l'anno) si svolge in un week-end ogni mese, da Gennaio a Dicembre, oltre ai 2 intensivi di 3 giorni, e agli incontri previsti per Laboratori, Seminari e Tirocini interni.

Valutazione

Verrà effettuata tramite verifiche in itinere e finali: esami, colloqui, valutazioni di capacità operative acquisite, tesi di ricerca.

Diploma

Alla fine dei quattro anni, completati tutti gli adempimenti richiesti, verrà rilasciato il Diploma di Specializzazione in Psicoterapia secondo l'art.3 della Legge 56/89.

Sedi SEF

- Napoli (sede centrale)
- Catania
- Padova
- Roma
- Benevento
- Brescia
- Milano
- Palermo
- Trieste

Per informazioni

- Tel. 081 03.22.195 (Sede Centrale, informazioni per tutte le sedi).
- formazione@psicologiafunzionale.it
- www.psicologiafunzionale.it